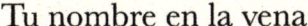

Tu nombre en la vena

Tu nombre en la vena

Elisenda Romano

TEXTOS
Elisenda Romano

PORTADA
Lily Vainylla (@lilyvainylla_)

MAQUETACIÓN
Andrea Gómez Expósito

NÚMERO DE EDICIÓN
Primera

EDICIÓN
Postdata Ediciones

ISBN
978-84-19411-77-8

DEPÓSITO LEGAL
V-1506-2024

A mi madre.

Platónico

Te quiero etéreo y casi imaginado,
te quiero sin nombre y algo empañado.
Te odio en la calle,
duro,
y con los labios llenos de caricias,
de faldas y de plazos.
Te odio dormido en sábanas alquiladas,
pero más te odio despierto,
respirando un aire comprado de bocas ajenas:
deseos descontrolados, rojos y pálidos,
amores que no llevan mi rostro,
amores que no son yo.

Recuerdos

Tengo una piedra en el pecho,
es tu recuerdo tallado,
hundido,
como un deseo
en mi oración.

Cita

Tu latido en mi pecho
me tiembla en frío
y le suplico a mi quebranto:
no llores,
mañana te tendré mío,
crudo y tibio.
Saborearé tu palabra,
amapola de mi sentido,
y llenaré mi oído de tu olor.
Tu risa es para mi carne
una tormenta que se esparce,
me germina y arrebata.
Rota vengo por sentirte
y recuperar mi brío en tus brazos
cuando el tiempo se dilate
entre tu pulso y el mío.

Quimera

Cuando la luna llama a mi puerta,
me digo: no es su mano la que toca,
es un pedazo de mi sueño,
un lapso en mi historia.

¿Y tú?

Tengo un calor tan grande
que podría quemarme en sangre.
Lejos de mi fuego manchado de final de lucha,
ya no sé quién soy.
Solo me queda una lengua seca,
comida de palomas,
y sexo sudado de aurora.
Ojalá tu nombre me rompiese una costilla
y volviese a soñar
con aroma a prisa
en ti.
Es un esfuerzo tan grande abandonarse,
no respirar tu saciedad,
es un alivio tan grande volver a beber de este paisaje:
duna en flor y cabeza de cielo.
Son nuestros besos ciclones de nubes
que se retuercen en un baile,
constricción pélvica, orgía de olvido y perdón.
No me desmorones,
no,
no me olvides,
perdón.
Quiero tu mano sobre la mía,
quiero ser tu cabaña y tu nicho,
quiero llevar tu rostro pintado en las entrañas
¿y tú?
¿quieres serme?

Lumbre

En la lumbre de tu pecho,
poso el gesto y la certeza
de que entre ansias
me atormento.

Deseo

Rascas mi cuerpo
con la punta de tu celo,
esparces mi ceniza por tu firmamento,
palpas mi corazón
con tus palmas de mimbre
y me convierto en sol de mediodía
latiendo bajo tu costado.
Y me soy agua hirviendo,
que flota en tu torso caliente.
Hazme sal.
Explota mi piel.
Devora mi sino.
Solo te pido que tú me seas.

Voz

Te pensaba de noche,
cuando la luz dolía,
y buscaba tu mirada con mis faros ardientes.
Te sentía de día, cabalgaba mi mano,
corría por la tuya para robarte hasta los retazos.
Me retuerzo entre mis sombras
para no caer rendida,
y hablarte despacio
para recordar de día
cada centímetro de tu palabra
y no romperme ni acabarme
con cada voz tuya.

Búsqueda

El martillo que llevo por pecho
busca
entre tu risa y mi desdicha
una sombra.

Rompecabezas

Venía sin cabeza
hasta que me sonreíste.
Arrastrada entré a tu tierra,
no existe,
es solo tuya,
es tu vacío sucio,
desconocido.
Me equivoco, me pierdo,
soy tu pincel
y tu retrato.
Me abro como una naranja marchita
o me encierro en el calor de tu voz.
Muerdo mi lengua,
tapo mi peligro.
Suplico
por un cuchillo
que corte mi duda a ti adherida.
Tú
me desmoronas,
abrumas mi sentido,
me cautivas con tu pasión
y ante ti caigo
como una fruta sin sol.

Muy humano

Amor, dices que eres madre,
pero eres enemiga.
Muerte,
coge mis lágrimas
y téjeme un sudario
donde poder llorar
este grito perpetuo
de mi humanidad vacía.

Un perfume

El amor, como perfume,
tiene alas con las que volar.
No puede tener cabeza,
ni pies.
¿El amor tiene cuerpo?
Ojalá tuviera tu mirada y tus manos.
Imagino tu corazón como una balsa
que crece en el mar de mi pecho
no se hunde, nada
porque flota en mi afecto.
Tú remas a mi lado,
esta es nuestra casa,
no tiene espinas ni polvo,
podemos arreglarlo todo.
¿Será sensible el amor?
A veces, creo
que el amor no puede tener corazón.
A veces, pienso
que si lo tuviera no quemaría tanto.
¡Qué pesado es tu nombre!
¡Cuántas letras tiene!
¿Por qué estás ciego?
O, quizá, ves, pero no quieres mirar.
Quizá solo seas una palabra como todas las demás,
pero ¡qué palabra!

Encuentro

Tu suspiro se parte junto al mío,
es la estación del retozo
y bebes de mi boca
lo que yo busco en la tuya.

Rutina

Lo cíclico, pura belleza
de vueltas.
Una estación nace en la otra
y el cielo se viste de alba.
Cae la noche,
la luna entra en el nido,
luego, la aurora,
y de su cabeza de plata
asoma la luz de los recién nacidos.
El mundo empieza de nuevo
como el redondo de los ojos,
los ojos de las miradas,
una vuelta limpia,
y tú, fresco,
amaneciendo en mi ventana.

¿Contigo?

¿Cuando despierte de esta ilusión,
seguirás en mi carne
o te habrás llevado
mi calor contigo?

Soñarte

Tengo una sonrisa tan grande
que me rompe la mejilla
y arde
por mis dientes
que se colapsan
al borde de mi mandíbula.
Tengo una sonrisa tan grande
que el ánimo se me desbanda,
me brota esperanza,
calienta la orilla de mi miedo
y me hunde en la dicha.
Tengo una sonrisa tan grande
que me desmayo de gozo,
pero temo
abrir los ojos del sueño.

Duda

Tu nombre
se curva en mi cabello
como una pregunta.

Escribirte

Me desgarraría hasta la carne,
abriría mi pena y sentimiento
y me hundiría en el anhelo,
tremendo,
de tu comprensión.
Sudaría como papel y tinta al sol
bajo el sonido espeso de tu folio sobre el mío.
Te llenaría de letras,
me abrazaría a tu historia,
oraría de día para leerte en la noche.
Sería tu literatura
y tú, mis relatos,
me alimentaría de tu abecedario
y bebería tus poemarios,
siempre
despacio.
Escucharía cada poema en tu paladar
verso a verso en mi oído
de tu sabor mojado
en dichos y confianzas.
Y solo así mi anhelo hallaría en tu promesa
la ilusión.

Espacio

En tu mar,
soy una esquina
que se abandona.

Perderse

Y que me consumas como una cerilla,
sentir el pánico
y que veas mi cuello,
mis platos
y hasta el interior de mis costillas.
Y que comas mis miedos,
me despieces,
sorbas mi carne,
te lleves mis entrañas
y yo sea hueco en tu seno
y piel muerta
con la que tejer esquelas.
Y que me arrastre el viento
como polvo recién desempañado.
Y que me lleves contigo,
y si me llevas,
¿qué queda?

Pulso

Quizá el amor sea tanto muerte como madre:
una pulsión.
Un solo comienzo,
un solo fin.

Entrega

Tengo un beso en mi boca
que ansío tapar con alivio.
Vengo con la frente llena
y te sueño entero,
vivo,
en mi memoria.
Ya no tengo patria,
tú eres mi nuevo nombre,
ahora soy tu tierra
y me abro al abismo de tu infierno.
Sé mi licor,
amamántame de celos,
ahógame en tu herida,
húndeme en tu patio tibio.
Cántale a mi soledad,
acuna mi miedo,
y dime que la suciedad
es cosa del pasado.
Sé la espina de mi costado,
sangra en mi herida
y dame tus manos.
Te pido demasiado,
pero si me dieras otro beso…
¿qué te puedo dar
que no encuentres ya
escrito en mi pecho?

Heridas

Si tu beso es la herida de mis labios,
una cortada ¿qué es a mi cuerpo?

Beso

Respirar de tu boca la muerte,
agujero de mi sollozo, torbellino de mi piel.
Tengo tu nombre en la vena
y mi miedo en tu cuerpo.
Se me rompe la lengua,
se me rompe,
en un ladrido, dulce ladrido.
Ya no queda tierra para sellar mi boca, solo tu labio,
una montaña de dulce pulsión
que pronuncia mi piel como un velo, como una mortaja,
una sonata de olvidos que se derriten en la tarde,
un adiós prematuro de tierra y cal.
Pero si tu labio sigue sobre el mío,
no encontraré un final.

Respuestas

Mi tierra no lleva más nombre
que una pregunta,
una interrogación sin prisa.
La respuesta la llevo
en lo hondo de tu despedida.

Senderos

Por este sendero, te pierdo.
No llego al olvido,
ya no puedo borrar tu huella de mi costado.
Tengo un abismo en mi ombligo
donde llevaba tu risa,
aire de mis días.
Por esta senda, te perdí,
¿fuiste mío?
¿Llevaste mi nombre?
Te busqué en el regazo de la noche
donde la luna llora
me esforcé por lucharte,
pero te pierdo
en un combate mastodóntico
entre el miedo y el perdón.

Pasos

Ahí donde escondía mis pisadas,
entre mis piernas y tu boca cerrada,
camino a tus dudas.

Vuelo

¿Dónde cantarán los pájaros cuando me llenas de silencio?
¿Adónde se fueron?
¿Se los llevaron?
¿O los devoraste con tus dientes secos?
¿Por qué sólo hay silencio en esta herida?
¿Por qué me preñas de vacío?
¿Por qué me colmas de noche?
Quisiera que fueras mi luz,
relámpago, agua, arena.
Eres hueso, carbón y pena.
¿Adónde te me llevaste?
¿Adónde?
¿A qué oscura esquina?
Yo podría darte miel,
pero tú me traes vacío.
¿Dónde cantan estos pájaros?
Lo desconozco.
Ya no sé sus rostros.
Los busco en la cal,
en el cemento, entre mis huesos,
pero los cantos son de guerra
y tú, de osamenta.
Devoraste mi herida,
pudriste mi silencio,
cortaste mi costilla
y entonaste tu secreto en él.
No te escondas,
yo
te veo.
Los pájaros nunca existieron.

Silencios

Callarse hasta la asfixia,
comerme la sed de tus besos,
querer tus silencios
y amar tu lucha muda.
Todo esto,
preferir un erial
a otra duda.

Ausente

Y te espero sentada
en el abrazo de mi propio miedo,
arañando la calma con mil preguntas
que batallan en mi frente.
Mi sueño tiembla, se descoloca.
¿Dónde estarás ahora?
Añoro tu palabra,
castigo de mis días,
espada de mi deseo.
Desconfío de mi propio tino
y tus delitos.
¿Dónde estarás ahora?
Yo sé dónde me ando
entre el recelo y la esclavitud.
Yo sé dónde me callo,
pero tu silencio,
yo
lo desconozco.

Lágrimas

Pierdo la batalla por mi ojo derecho
ahí tengo el dolor guardado
con los pájaros y sus cantos eternos.

Conflicto

Tu cadera antes era semilla,
hoy es una espina
que me llaga la vena de espera.

Sin calma

Tú, callado, nadas en mi calma,
yo, callada, estoy por los dos.

Callao

Tu silencio
me es amargo como el ayer
cuando caminábamos juntos
sobre tu lengua,
hoy muerta,
un castigo sin piedad
para mi oído.

Almario

Ojalá pudiera dejar tu olor
colgado en una estantería,
como otros dejan un cansancio
que les alborota.

Tú

Llevo tu olor arrastrado en mi piel,
me consume la vida
mientras la muerte me suplica que te abandone.
Vengo herida de tu sed,
ya no me presiona la risa,
y bebo el recuerdo de un año perdido.
No tengo pena con la que llorar,
soy gemido empapado,
me ahogo de llanto
y te busco y te sueño
como un silencio mal cortado.

Partida

¿Y si te has ido?
¿Y si tú nunca me fuiste
y yo vine, estuve y quedé?
¿Dónde irá tu voz?
¿Buscaré la mía
mientras yo beso la tuya?
Tú, mi cuna
¿hogar o jaula?
Ratonera de mi sentimiento
que me corta a pedazos.
Tú me llevas,
te fuiste.
¿Y si te vas,
yo dónde quedo?

Márgenes

Quedo en tu orilla,
al pie de tus cajones,
entre el polvo de los estantes
y una postal sin nombre.
Quedo entre tus dedos,
en el fondo de un pensamiento,
en un recuerdo plegado,
en algún hogar que no conozco.
Quedo poco,
pero quedo.

Ajustes

Esperar que cambies,
que la lucha acabe sometida
y ya no haya sangre,
solo caricias sin tino,
y que las armas se conviertan en un fuego llano
y que me mimes y que me hables
y que me veas y no te espantes.
Dejo la lucha a otra mano
otro destino, otro costado
lo recogerá mejor que yo.
¿Me rindo?
¿Ya es tiempo de llanto?
Quizá ya es tiempo y parto.

Espacio cerrado

Márchate,
otra jaula te atrapará
mejor que mi voz.

Aquí

Quédate esculpido en mis ojos,
esculpido,
y que el corazón se mueva
como ayer, como ayer
como antes.
Láteme como un hambre,
como un volcán,
aunque me deshaga
en tierra y poco más.

Pasatiempo

Diez años, diez días, diez minutos,
toda una herida.

Diez minutos

Quería comerme el cielo en tu regazo
y beber la espuma de tu paladar,
pero vengo sin lengua,
amor mío,
y no te voy a saborear.
La rabia rompe mi calavera,
turbia de mentiras y contiendas.
Tengo diez minutos para despedirme
de tus olvidos y caprichos
de tus desmanes y caricias.
La pena empuja mi esqueleto a la tierra
y me hunde en su infierno de pez,
se llena mi vida de arena,
llaga mi tez
y soy cloaca y gangrena
a la vez.
Sudo un lamento amargo
donde se junta en reposo
mi cuerpo terminado
y el tuyo en rigidez.

Final

Recordarás mi nombre, el sol posado entre tus brazos
y mis palmas de oliva acariciándote el cabello.
Añorarás mis gritos, mis llantos y mis olvidos
como cuando dejas un botón en una mesilla.
Conocerás la noche como yo conoceré tu deseo,
roce de mirlos y corujas que acicalan mi vientre.
Recordaré tu apellido, pero tú olvidarás el mío,
allí adonde vas solo puede nadar uno
y, cuando yo te alcance,
las olas te habrán traído a otra orilla,
pero incluso en esa otra vida
tu recuerdo
será siempre mío.

Tiro al blanco

Ojalá contigo te lleves mis recuerdos,
los tuyos los cazaré de a poco.

Adiós

Aguanto tus ojos entre los míos,
no temo perder este quejido,
lo he enterrado entre mis muslos
donde no duele ni arde,
come,
bebe de mi pecado.
Me baño en el borde de tu desdén
allí ya no tienes nombre,
te has llevado el mío.
Dame tus manos, al menos,
para cavar la sepultura
de este olor.
Ya no quiero estos brazos
renuncio a tu cuerpo maduro
a tu palabra de almizcle
y a una tumba cerrada,
renuncio aunque me cueste y desmaye
porque mi dolor pesa menos que tu olvido.

Ramaje

No todas las ramas
soportan el peso
de un pájaro,
no todos los brazos
son capaces de llevarse su adiós.

Calor

Vengo manchada de sol
y me espanta la ola de tu curvatura.
Fuera del tiempo,
las mareas bailan desnudas
yo soy ellas,
pero más menuda.
Te miro y me creo gigante,
pero soy chispa de arena.
Alzada en el pezón de mi cuerpo,
me pierdo en el rechazo
y fundida en el adiós
suelto tu lazo.

Bordando pañuelos

Llevo nuestro final pintado
en las mejillas.
Cuando se me acabe el llanto,
pediré un pañuelo
a tu perdón escrito.

Luto

Tengo tu nombre metido en la boca,
me monda el labio
y me pide que llenes mis besos de alivio
para untarme en tus pies de malva y tabaco,
calima y bruma,
la despedida.
Ya no te persigo,
te dejé hace tiempo,
como tú dejaste una coma suspendida entre mis letras:
una pausa sorda en las costillas,
un silencio que quisiera seguir,
pero me traiciona.

Corte

Ojalá encontrase una venda
donde guardo mi hielo
entre costilla y costilla,
entre palabra y palabra.
Ojalá después fuera antes,
pero solo me queda tu nombre
y un pensamiento cortante.

Posesión

Mantenerse en alto,
no cruzar dos veces la misma mentira,
pero caer a una tierra sin dueño.

Caminos

Ya no tengo palabras
con las que llenarte,
lo he dicho todo
entre una verdad y una despedida.

Palabras

Si me empapo con tu palabra
¿nadaré o me hundiré?

Plenitud

Quisiera abrirme una herida
meterme en la fosa, bajo la piedra,
y morir de agotamiento.
Soy parto yermo, bastardo de flor
basura de olvidos y nada cotidiana
Tu mirada,
delicia de mis sentidos,
romero y vid,
sol con cintura blanda y pecho de azúcar moreno,
tú, todo entero,
me desmoronas.
Yo era sangre tuya y tú, sangre mía
cuando latíamos vivos
y ahora tan muertos
tan olvidados, tan separados,
pero yo
siempre llena de ti.

Extrañar

Me extraña este hueco que tengo en el vientre,
me extraña esta costilla que ya no siento,
me extraña la abertura de tu boca,
como una mirada lejana,
como un sueño eterno.

Recuerdos

Vengo tajada
por un pedazo de sentimiento
de azufre y azucena
que me recuerda.
Me amaste como un olivo limpio
y yo te di un adiós temprano.
Ojalá no te hubiera mordido
y pudiera amar tu espina
y tu torbellino.
Ojalá te hubiera pensado más
y recordado menos.

Mar

Todo recuerdo cae en un mar
y allá donde va
se beberá su muerte y nada más.

Añoranza

Me parte la frente una cortada
que lleva tu nombre.
Llegaste a mi cintura
para atravesarme con la verdad
y añoro el frío, tu frío,
ataúd de mis sentidos,
porque solo tu suspiro
me puede terminar.

Hablo

Hoy encuentro mi propio canto,
lo tenía enterrado en la mano,
gracias por encontrarlo.

Pelea

Camino,
buscando el olor de tu viento
como si fueras mal trago
y no dulce gemido.
Añoro,
cortar la vida con nuestra tijera
y danzar entre la palma y la retama,
pero tu aire se ha escapado
y yo permanezco seca.

Cavidad

Llevas a mis huesos
en un solo día
una tormenta y un suspiro.

Olor

Tengo tu aroma en las venas,
en el mentón,
en las lágrimas,
junto a mis sentidos
y mis quimeras.

Abandono

Llevaba una cadena por cinto
y una lágrima viva por voz.
Ligera vengo,
me desangro de tus sentidos
y a otro vuelo me adelanto.

Desatarse

Si te pienso,
ya no llevo grana en el pecho,
tengo un vacío,
una indiferencia blanca,
que se escurre por el filo de mi pensamiento.
Si ya no te tengo,
ya nada me impide caminar
y perderme en las orillas de mi cuerpo.
Si ya te marchaste,
yo solo puedo aprender a volar,
ya he alquilado suficiente llanto
para una vida y una muerte.
En esta tierra, hay hambre para los dos,
no tenemos que compartir calvario,
podemos ser osamenta y semilla,
recuerdo llano sin un dolor,
que se clava en la armonía y gime.
No quiero ser piel rota
enferma de delirio,
quiero la paz a mí, prometida,
quiero ser solo yo
y a la soledad decirle:
puedes darme otro beso y adiós.

Jaulas

Dicen que las jaulas
son una prisión,
pero el perímetro de mi miedo
tiene más anchura que tu huida.

Cima

Subirme a tu montaña,
maldita,
proclamarme cumbre
y alzarme en vuelo,
aunque yo sea pájaros sin plumas.
Escupir la muerte
y teñir de sonrisa mis mejillas.
Soy la calma que vive en los volcanes
cuando la ira del día
y la fuerza de los antiguos guerreros,
les abandona.
Me he librado de una cadena prehistórica
de mis antepasados esclava
a los que comía la sangre,
pero sangre enamorada.
Me he huido a mí misma,
he hallado el centro de mi gravedad,
he conquistado mi propia tierra,
palacio de mi dicha,
de la que nadie me apartará
porque en mi dolor
yo me vivo
sola.

Nombres

Cuando perdí tu nombre,
encontré otro,
fue siempre mío,
pero lo tenía para ti escrito.

Luz

A la luz del día,
tu recuerdo parece pequeño.
Era solo un frío,
que, como cualquier dolor,
se cura.
Yo el fuego ya lo tengo,
lo llevo entre mis dos costillas.
Tengo mi verdadero nombre,
como una antorcha,
que recubre mi cabello,
me baña desnuda
y su luz no es pesada
sino lluvia de espigas.
Construí mi prisión junto a la tuya
y encontré lo que no buscaba.
Ahora llamo a las llaves,
las tengo, siempre bebieron de mi mano.
Tus raíces las ha pudrido el viento
ahora son comida de pájaros
que llevo en mi propio nido.
Me río de tu noche clavada,
de tu fosa amarilla,
y de tus carnes enterradas.
¿Adónde vas?
Por ese camino no pases.
Esa es mi vena mayor
y el nombre que la habita
es el mío.

Agradecimientos

A mi familia: mi madre, mi hermano, mis tías, mis primos, mi abuelo y Carmelo y su familia.

A mis amigos: José Manuel, María, Samu, Abigail y Ariadna.

A mis compañeros de la carrera y del teatro: María del Mar, Jonathan, Sergio y Carmen.

Solo ustedes saben todo el tiempo que me ha llevado conseguirlo. Muchas gracias por acompañarme en el viaje de la escritura.

A todos los escritores y lectores, recuerden que no hay amor más grande que el que se tiene hacia los libros.